AF229139

PRINCIPES POLITIQUES

PRINCIPES POLITIQUES

—

PROPAGATION DU BIEN-ÊTRE

Par Jules JOLY

DE CLASTRES (Aisne)

(Tout citoyen sage, courageux, laborieux,
économe et probe doit jouir du bien-être.

SAINT-QUENTIN

SE VEND AU BUREAU DU *GLANEUR* DE St-QUENTIN

ET CHEZ TOUS LES LIBRAIRES

—

1871

PRINCIPES POLITIQUES

LE BIEN-ÊTRE

La signification du mot « Bien-être » est : Ce qui contribue à faire vivre à l'aise et commodément. — Petite aisance. — Situation heureuse, satisfaisante de corps et d'esprit.

« *Donner le bien-être à chacun des citoyens,*
» *C'est l'idée qui ressort, des principaux*
» *problèmes traités brièvement dans ma*
» *brochure intitulée :* Principes politiques *et*
» *éditée chez* M. AD. LANGLET, *libraire à*
» *Saint-Quentin. Ce petit ouvrage n'en est*
» *lui-même qu'un complément partiel, aussi*
» *fort incomplet. Pour toutes les lacunes*
» *qu'on y trouvera, principalement aux*
» *endroits que j'ai fait suivre des initiales*
» *P.P., le lecteur pourra se reporter à mes*
» Principes politiques. »

La convoitise des biens de la terre a divisé l'humanité en deux classes principales.

La classe riche et la classe pauvre.

Le bonheur se trouve-t-il dans une de ces deux conditions? On ne peut répondre affirmativement.

Que manque-t-il donc aux hommes pour être heureux?

Qu'est-ce que souhaite trop souvent le riche opulent et toujours le pauvre malheureux?

C'est le bien-être.

Si le riche n'est pas toujours heureux, c'est souvent parce qu'il ne sait pas l'être. De bon cœur, je voudrais l'y aider. Mais de plus savants que moi m'ont précédé en traitant cette question. Cependant je citerai brièvement les causes principales qui privent souvent le riche du contentement. C'est d'abord une ambition sans limites et qu'on cherche à satisfaire par tous les moyens. C'est encore l'habitude, l'excès des soins ou des jouissances qui énervent les facultés physiques, lesquelles réagissent sur les facultés morales.

La position du pauvre me paraît toute différente et m'inspire le plus grand intérêt.

Prenons le à sa naissance : cet enfant qui vient de naître, ne fait pas tressaillir de joie le cœur de sa mère. Car le pauvre être apporte à ses parents une nouvelle et pénible charge et un surcroît de pauvreté. L'avenir de ce petit enfant,

paraît si sombre et si incertain, qu'à sa naissance, ses parents pourraient dire : dès aujour-
d'hui, notre pauvreté le condamne aux travaux
forcés à perpétuité.

Trop souvent ce pauvre être est privé de l'allaitement maternel, car pour continuer une profession, ou pour d'autres motifs moins excusa-
bles, la mère tarira son lait, ce don si beau et si
précieux de la nature : ou bien elle se mettra
nourrice. Mère et enfant : ce salaire ne vous
profitera pas et vous en serez les victimes.

Ainsi petit être infortuné, privé des dons ins-
tinctifs de la nature, dès ta naissance tu vas subir
les conséquences des erreurs de la raison et de
la civilisation, tu supporteras en souffrant un
affreux allaitement artificiel. Quand tu en réchap-
peras, très-souvent ta constitution en sera alté-
rée pour le reste de ta vie. Adulte, un travail
précoce, trop long ou trop lourd, viendra encore
arrêter et déformer ta croissance physique, en
même temps que tes facultés morales.

Ainsi donc entre l'enfant du riche élevé avec
excès de soins, dans la mousseline et la dentelle,
et l'enfant du pauvre qui n'a quelquefois pas
de langes, la différence est grande.

Je ne m'étendrai pas davantage sur cette
question, j'ai voulu seulement attirer l'attention
sur notre semblable, sur celui qui dès sa naissance est déshérité de la fortune et n'a pour
avenir que les fardeaux les plus pénibles de la

vie. Il devrait nous être supérieur en force et en conformation; tandis que le manque de soins à son plus jeune âge, altère déjà sa constitution et par suite son intelligence.

Nous avons pour l'usage des gens du monde, des livres intéressants, qui traitent des soins à donner au nouveau né. Je trouve qu'il y aurait un grand mérite pour les savants compétents, de s'occuper de l'éducation de l'enfance, en publiant des ouvrages pratiques, dont le prix serait plus à la portée du vulgaire.

L'éducation physique de la jeunesse, n'est pas moins indispensable pour le bien être. Je voudrais que dans nos écoles, on s'occupât de développer l'adresse et les forces physiques de l'enfant, non seulement par des exercices gymnastiques, mais aussi par un système d'entraînement progressif et surtout sérieux, car il est temps d'employer un remède proportionné au mal.

****

Le pauvre n'est-il pas presque un cheptel souvent iniquement exploité. De même que toute valeur, celle-ci ne peut augmenter qu'en l'améliorant.

Pour le riche, le pauvre lui-même est encore une fortune : sans lui il ne pourrait posséder la vertu précieuse de la charité. Donc les heureux qui possèdent les biens de ce monde, ne peuvent faire un plus bel usage de leur fortune, que d'en utiliser au moins une partie du revenu, pour améliorer le sort de l'infortune.

Fortunés, souvent encore votre sacrifice sera au-dessous de votre devoir; car notre frère le pauvre, déshésité du bien-être de ce monde, ne possédant pas le moindre lopin de terre, n'ayant aucun bien à défendre, se dévoue et donne sa jeunesse et sa vie, pour votre sécurité, vos intérêts, la défense et l'honneur de la patrie. Enfin c'est lui qui montre le plus de dévouement patriotique.

Fortunés, vous avez là une dette sacrée, si vous êtes justes et honnêtes, vous devez l'acquitter. D'ailleurs l'existence du pauvre est en partie sous votre responsabilité. Si vous lui êtes supérieurs par l'esprit et les autres qualités, vous devez au moins l'égaler en générosité.

Vous allez me répondre que notre sujet n'est pas toujours sage, qu'en outre de ses défauts personnels, il trempe quelquefois dans de dangereuses révolutions ? Il n'est que la misérable victime du despotisme, ou de ses audacieux e stupides envieux, enfin des intrigues de toutes les couleurs, qui exploitent sa bonne foi, son ignorance et son courage.

On peut persister à me soutenir que quand même il a souvent de mauvais penchants. Soit ! Mais comment excite-t-on la colère chez un être quelconque ? Généralement par la contrariété et les mauvais traitements. Evitez donc ces causes.

Autrefois les plus forts employaient les tortures, maintenant on ne torture plus guère que le moral. C'est déjà quelque chose, mais ce n'est pas assez. De même que le feu produit la chaleur, de même le mal produit le mal et le bien produit le bien.

Oui, à rendre service on est souvent récompensé d'ingratitude, je le sais suffisamment et par expérience. Mais si la perfection existait en ce monde, nous n'aurions plus rien à y faire. La vie et l'intelligence ne nous ont pas été données pour que nous soyons de la même condition qu'une borne au coin d'un champ, ou qu'une roche sur la montagne. Nous ne voudrions pas être semblables aux animaux utiles ou malfaisants. Loin de là : nous voulons la prééminence, et la plus précieuse que nous puissions avoir est celle du bien.

La pauvreté évangélique est une des bonnes vertus, mais combien de fois est-il répondu à la justice ? Ce crime: c'est la pauvreté qui me l'a fait commettre. Bien souvent, un malheureux, qui par fatalité et aux prises avec la misère, finit par maudire son sort et de désespoir pour secourir ses enfants qui ont froid et faim, cède à l'envie de commettre un acte qui n'est pas permis, un méfait. Voilà comme souvent, l'extrême pauvreté conduit au crime; tandis que la fortune donne le pouvoir des bonnes actions. Horace qui a loué la pauvreté a dit aussi, que ses lois étaient dures, qu'elle nous fermait la voie des grandes vertus. Au lieu de mépriser, de mécontenter et de narguer celui qui est dans la pauvreté, pourquoi ne pas l'aider à en sortir? Faites cela et vous serez d'héroïques sauveteurs.

Mais notre infortuné est-il susceptible d'amélioration? Voici un verger qui contient beaucoup d'arbres, une partie de ces arbres ont été cultivés et ils rapportent de beaux et bons fruits. L'autre partie se compose de sauvageons. Ils ne rapportent pas, ou bien leurs fruits sont mauvais et de nulle valeur. Un arboriculteur capable, conserverait d'abord précieusement les bons arbres. Les sauvageons, il les soignerait également, il modifierait leur forme avec prudence et il y grefferait de bonnes espèces. Le résultat serait, que les ex-sauvageons deviendraient plus fertiles que leurs doyens les bons arbres.

Maintenant voulez-vous, que cet infortuné qui est le plus souvent dévoué à sa patrie, le soit par devoir? D'abord soyez le vous-mêmes, vous y avez tout intérêt. Ensuite aidez le à devenir possesseur d'un bien quelconque et surtout à posséder le vrai bien-être nécessaire à la vie.

Attachez-le au sol de la patrie, non par le découragement et le malheur, comme un serf à la glèbe ou l'esclave à la plantation, mais protégez-le contre lui-même et contre tous, aidez-le à partager une part du sol ou de vos richesses. Ainsi que certains industriels intéressent un contre-maître dans leur industrie, pour récompenser et encourager sa conduite et son talent.

Alors notre sujet possédera une des principales de mes conditions électorales PP. et il sera riche de ce qu'il possède et de sa nouvelle condition.

Nous n'avons plus la simplicité des mœurs antiques et le prétendu progrès de la civilisation paraît avoir rendu la tâche plus difficile. Le problème paraît grand, entreprenons-le sérieusement, divisons-le en questions simples, mettons-nous courageusement à l'œuvre et nous nous apercevrons que les difficultés sont moins grandes que d'abord elles ne le paraissent.

***

Je sais bien que nous pouvons nous honorer d'avoir une foule de sociétés bienfaisantes et philanthropiques, mais certaines de ces sociétés ne se discréditent-elles pas justement et leurs membres ne sont-ils pas une perpétuelle similitude avec les hommes dont il est parlé dans les versets suivants :

« Gardez-vous des scribes qui aiment à se pro-
« mener en robes longues, et à être salués dans
« les places publiques ;

« Et qui aiment les premiers siéges dans les
« synagogues, et les premières places dans les
« festins ;

« Qui dévorent les maisons des veuves, et cela
« en affectant de faire de longues prières. etc. »

Procurez donc le bien-être à chacun des citoyens. Ils sont nombreux me direz vous? Le mérite n'en sera que plus grand.

Il est vrai que nous avons des institutions et même des particuliers qui rendent de grands services, mais le but n'est pas tout à fait le même que la propagation du bien-être. Il existe suffisamment d'exemples qui prouvent que l'un n'a pas le même résultat que l'autre.

La dessus notre siècle nous en promet; nous sommes du temps, des faits et des promesses des fameux prétentieux réformateurs de la société universelle, qui se servent indifféremment ou de préceptes sacrés ou de pétrole. Il ne leur coûte pas de promettre, ce devrait être assez dire d'eux. Mais que je serais heureux de voir l'ouvrier courageux et de bon sens, se souvenir du miel de leurs promesses, cesser d'être leur machine, leur bouclier et leur victime!

Parmi la multitude de faits, citons un exemple.

Puisque nous sommes de l'arrondissement de St-Quentin, St-Quentinois vous avez le souvenir de la journée du 8 octobre 1870. Mais consciencieusement, vous souvenez-vous également des faits du jour précédent?

Procurer le bien-être : problème aussi beau que difficile à résoudre. Parmi les rois, les ministres ou d'autres personnages, quelques-uns l'ont sérieusement désiré, d'autres l'ont voulu, d'autres encore ont mieux fait, ils y ont travaillé.

Nous avons en France plus que les éléments nécessaires pour donner le bien-être à chacun des citoyens ; mais il faut que chacun s'y mette avec loyauté et dévouement. Ceci me rappelle que la France est fertile, mais en bien et en mal.

Ceux des Français qui sont laborieux et probes, doivent-ils être perpétuellement dupes et victimes des malins et de leurs convoitises ?

Abolissez toute prévarication, protégez les intérêts du pauvre par des lois impartiales P.P. Puisqu'on punit l'individu quand il manque, pourquoi ne pas le récompenser en le protégeant sérieusement, surtout quand il se comporte bien.

N'y a t-il pas lieu de désespérer ou au moins de douter que la France puisse jamais se relever de ses désastres. En cette occasion, nous pourrions regarder l'histoire comme un don divin qui doit nous servir d'expérience.

Comment se sont relevés les peuples, qui comme nous sont tombés dans la plus grande adversité ? Ils se sont relevés après avoir été régénérés par le malheur ou la sagesse.

Pour nous régénérer et réveiller le vrai courage français, devons nous attendre que l'extrême malheur nous anéantisse, ou arrête nos vices et notre vanité ? Ou bien pourrons-nous nous soumettre aux règles de la sagesse véritable et énergique, en attendant que nous puissions reprendre le vrai chemin de l'honneur ?

A chacun donc : courage, dévouement, savoir, sagesse et surtout probité. Car quels que soient les gouvernements et leurs constitutions, ainsi que les belles devises dont on cherche le sens, il nous faut d'abord l'usage général de la probité : sans elle nous ne pouvons avoir que la continuation des complications, des confusions et pas de véritable bien-être.

Nous voyons une foule de publications prôner et promettre l'instruction, comme le plus grand bienfait que l'on puisse donner au peuple. Je la veux aussi l'instruction populaire et je la veux sincèrement, véritable, sensée, probe et telle qu'elle est possible. Avançons doucement, mais avec loyauté et précision. Promettre est bien, donner est mieux.

Il nous faut l'instruction intellectuelle et morale et il faut qu'elle soit accompagnée de l'éducation physique, c'est-à-dire d'un système d'entraînement.

Depuis longtemps l'éducation physique a été trop dédaignée, même méprisée, surtout par ceux qui ont le talent de tout embrouiller, même les choses les plus simples. Leur système sème la discorde, la ruine, et il nous a conduit au désastre.

On dit que l'Allemagne du Nord est le pays du monde où l'instruction populaire est le plus propagée, que ce pays est le plus civilisé et le plus instruit du monde, enfin que le peuple y est heureux. Mais pourquoi les sujets de la partie laborieuse et subalterne de ce peuple continuent-ils de manger du pain noir ? Pourquoi se laissent-ils impunément talocher ou bastonner par leurs supérieurs ? Sils sont satisfaits de ce régime, ils sont moins difficiles que ne le seraient même nos chiens français.

L'instruction est un des bienfaits du progrès, elle est d'une très grande utilité, elle est en outre l'ornement de l'intelligence, elle est et elle peut plus généralement devenir une vertu précieuse, mais elle n'est pas le bien-être.

La propagation du bien-être, donne en outre pour résultat, l'habitude du travail, de l'économie et l'amour de l'ordre. L'expérience nous démontre-t-elle que l'instruction obtienne toujours ce résultat.

Pourquoi les gens instruits forment-ils toujours tant de partis si souvent divisés par la discorde ?

Commençons donc par propager la chose la plus sérieuse et la plus nécessaire : le bien-être.

Le bien-être est et sera toujours un des plus grands et des plus puissants propagateurs de l'instruction.

Défiez-vous de l'instruction déplacée, elle engendre plus de maux que l'ignorance, sa lumière aveugle, mais elle n'éclaire pas.

« Malheur à vous, docteurs de la loi ! Parce
« qu'ayant pris la clef de la connaissance, vous

« n'y êtes point entrés vous-mêmes, et vous avez
« encore empêché d'y entrer ceux qui voulaient
« le faire . »

L'arrogante et prétentieuse instruction théori-
que, trop souvent sophistique et dédaigneuse de
la pratique, après avoir tout corrompu, vient de
jeter la France dans l'abîme. Et maintenant elle
domine encore, cette instruction.

Belle Pandore ! sa lumière est un mirage. Elle
pousse activement l'achèvement de son inextri-
cable labyrinthe, nouvelle Babel de la destruc-
tion prochaine dont nous ne devons attendre que
ruine, confusion, et les plus grands malheurs.

A mon idée, la première des questions politiques : c'est le pain. Le pain, il n'y a que le travail
qui puisse le produire. Encouragez le travail par
l'économie et l'économie par la probité, c'est le
meilleur des moyens de rendre le sol fertile et de
le faire produire avec excès d'abondance.

*****

Pour la dernière fois enfin, revenons à notre
problème le bien-être. Je l'adresse principalement à ceux des hommes de la classe pauvre,
qu'on pourrait appeler les travailleurs.

Sans dédaigner les ressources, ni les richesses
de l'industrie, le beau nom de travailleur doit
s'appliquer avant tout aux villageois, aux pro-
ducteurs du pain et de toutes les choses indispensables à l'existence. C'est-à-dire à ceux qui

nourrissent la grande famille nationale. Ceux-là ne connaissent guère le luxe, les spectacles et les autres vaines jouissances, que par les impôts qui les paient.

Je n'oublie pas l'ouvrier de ville, loin de là, lui aussi par son travail rend d'immenses services à la nation, en outre il est souvent malheureux. Alors il acquiert toute ma sympathie.

Je n'ai pas la prétention de résoudre ce problème à moi seul, mon intention est seulement de contribuer pour ma part à sa solution, en donnant quelques conseils qui peuvent y conduire : d'abord par de nouvelles institutions, telle que celle que j'ai proposée dans le problème intitulé : Conditions électorales et rémunération du service militaire. P.P.

Pour encourager ce progrès, il serait même possible que les communes accordent une petite subvention. Elles y ont intérêt et y gagneraient, puisque le travailleur en parvenant à une certaine position, cesserait d'être à la charge de la charité.

Par exemple : combien de sujets, faute d'économie ou même pour avoir gaspillé ce qu'ils possédaient, se trouvent au dépourvu, au premier accident ou à leur vieillesse, n'ont pour ressource, que le vagabondage ou la charité ! D'autres au contraire, ont secouru leurs parents dans la vieillesse, élevé honnêtement une famille nombreuse et économisé péniblement pour leurs vieux jours.

Les premiers, là ruine de leur pays, la plaie de la société, obtiendront des secours.

Les deuxièmes, les dignes citoyens, non-seulement n'obtiendront rien, mais ils seront en butte aux intrigues de la rapacité. P.P.

Pourquoi donc ne pas encourager le digne citoyen, en lui donnant au moins une fois ce que le prodigue coûte en un an; on ne perd pas à semer dans la bonne terre.

Séparez la vertu et le vice. En outre des résultats économiques et philanthropiques, vous romprez le point d'appui des misérables révolutionnaires. Ceci est important et indispensable.

Si le cultivateur resèmait le grain sans l'avoir épuré, que serait la récolte?

Pour la nation, ce serait une richesse incomparable, d'avoir la plus grande partie de la population telle que je la veux, sobre, économe, laborieuse, loyale, riche et brave. P.P.

Parvenir à ce beau résultat n'est pas chose si difficile : Gouvernement, ne dédaignez pas les renseignements sensés des petits, vous y trouverez les causes du mal.

Ensuite, gouvernez sagement, avec fermeté et énergie, montrez l'exemple et donnez l'élan.

Car le vrai thermomètre des mœurs, de la fortune et du caractère des peuples, c'est le gouvernement qui les régit.

Mais aussi, travailleur, n'oublie pas de profiter des beaux jours et sache beaucoup compter sur toi-même, en prenant l'habitude de l'ordre et de l'économie.

Travailleur donc, pour ma part, je veux ton bien-être, non pas illusoire, mais positif.

***

Que manque-t-il donc au travailleur? Presque tout : Choisissons une des choses les plus indispensables pour le bien-être. Je veux d'abord, que le plus possible de citoyens deviennent possesseurs.

Dans quelques contrées, souvent même dans celles où l'industrie n'a pas porté ses ressources, et le prétendu progrès.

Tel qu'en quelques modestes provinces montagnardes, de la France, de la Suisse ou de la Lombardie, les habitants disent : chez nous il n'y a guère de grosses fortunes, mais presque tous, nous possédons, peu : mais suffisamment pour vivre en travaillant à notre petit bien. Est-ce que les mœurs simples et les constitutions robustes de ces habitants, ne doivent pas aussi nous tenter?

***

Je ne suis pas ennemi des grosses fortunes, loin de là, je souhaite plutôt, que la France en possède encore d'avantage.

Mais à mon point de vue, pour l'Etat et pour tous, la fortune la plus précieuse, c'est celle qui se compose d'une maisonnette et d'un petit champ, qui suffit en partie à la subsistance de son possesseur. Encouragez cette valeur, améliorez-la par des renseignements économiques, protégez-la contre la malheureuse ambition et contre cette teigne de rapacité. Donnez à son possesseur l'exemple de la probité. L'ensemble de ces petites fortunes deviendra une valeur, une production plus précieuse que les mines d'or du monde entier. C'est en partie le système de la fortune, que voulait et que pratiquait Numa.

Pourquoi tant de fourberies, et se faire tant de mal les uns aux autres pour satisfaire la convoitise; quand si souvent et à l'improviste, la cloche tinte le glas funèbre.

La nation française mérite qu'on lui applique la devise populaire: C'est le plus malin qui attrape l'autre; système captieux qui nous conduit fatalement à l'abîme. Pourquoi ne pas se soutenir les uns les autres ? Tous y gagneraient.

Henri IV voulait que chaque laboureur de son royaume, put mettre la poule au pot le dimanche. Moi qui ne suis que simple villageois, je veux que le travailleur possède au moins une maisonnette et un jardinet, qui lui appartiennent complétement.

C'est-à-dire que ces précieuses petites possessions acquises avec tant de peines et une si persévérante économie, soient protégées par le droit et la probité, contre.... comment dirai-je cela.... enfin, contre tous ceux qui s'enrichissent si facilement et vite avec l'économie des autres.

Je veux que cette maison coûte peu, qu'elle soit simple, solide et hygiénique, que le mobilier soit juste nécessaire, chaque meuble propre, rangé à sa place; que l'ordre de toutes choses y soit une satisfaction, enfin que notre ouvrier y soit non-seulement le maître, mais libre et heureux.

Philosophes, législateurs, que dites-vous de cette maisonnette, avec ses murs garnis de vignes ou de houblons, que dites-vous de ce ménage qui a travaillé toute la semaine? Voyez-vous le dimanche, cette petite famille mise proprettement, ce petit jardinet et ses arbres soigneusement tenus, cette table, que vient de dresser la ménagère, autour de laquelle, sont maintenant assis le père, la mère et de beaux enfants.

La santé est bonne, l'appétit aussi, tous font honneur au frugal repas; ils sont contents, ils ne doivent rien à personne, au contraire ils ont des économies et parlent même d'acheter un petit champ.

Ah! la condition de notre sujet n'est plus la même, il est riche et content; il n'habite plus l'infecte taudis qui ne lui appartenait pas. Pensez-vous que maintenant, il peut être l'ennemi de la société et qu'il préférera la malheureuse taverne à sa gentille ménagère, à ses beaux enfants et à son petit palais?

Statisticiens : Calculez le produit du jardin, additionné avec l'économie du ménage ?

Certes la France est déjà richement productive, elle peut l'être encore plus, mais à quoi cela servirait-il, si nous consommons nos riches ressources au jour le jour. Le peuple français peut-il se passer d'économie, surtout dans les circonstances et le temps actuel.

Si à titre d'encouragement, les communes et l'Etat participaient à la construction de cette petite maison, par une faible somme, ils ne feraient qu'un placement avantagéux, dont l'impôt des portes et des fenêtres serait le gros intérêt.

****

On peut objecter que mes intentions sont bonnes, mais que mes idées ne sont pas réalisables. Mes principes ne sont pas des prétentions, je ne compte pas arriver au bien-être général, je ne le crois même pas possible, la perfection semble si peu être de ce monde; mais je veux que l'exécution de ces principes soit pour le moins facile.

Je ne demande pas qu'on soit obligé d'aider pécuniairement tout citoyen qui ne possède pas. Mais voyez cet ouvrier. Il ne connaît que le travail le plus rebutant, le plus assidu et le plus pénible. C'est par lui, riches, que vous viennent toutes ces admirables productions nécessaires à votre existence. De tous ces produits qu'il a créés, il ne partage même pas toujours les restes ou le rebut.

Quelquefois même, enseveli depuis long-temps dans les profonds abîmes des houillères, spectre vivant, il ne revoit le jour que pour servir sa patrie et même lui donner sa vie. Soldat : sa conduite, sa soumission et sa bravoure sont encore exemplaires.

De retour à son village, je ne peux pas dire à son foyer, il va recommencer et rapprendre à travailler. De ses labeurs, de ses services, personne ne lui en a et personne ne lui en aura donc jamais reconnaissance ?

Si le gouvernement, par habitude ou imprévoyance et maintenant par impossibilité, oublie cette dette. En attendant la rémunération du service militaire, j'en appelle aux communes.

Supposons donc une commune d'une population de mille habitants et dont le budget ne soit pas trop grévé : en dix ans cette commune pourrait facilement sacrifier mille francs. Alors tous les deux ans, il y aurait un concours, pour ceux de nos jeunes gens pauvres dont on reconnaîtrait le mérite et qui voudraient construire une maisonnette répondant à un plan et à des conditions déterminées. On accorderait, je suppose, la faible somme de deux cents francs d'aide au plus méritant.

Ceci il est vrai, faute de mieux, ne serait plus qu'un encouragement pour le bien-être du pauvre. C'est peu, mais c'est déjà quelque chose, c'est jè crois beaucoup. Donnez l'exemple et l'élan, maniez habilement l'ambition et l'envie habituelles au caractère français P.P. et vos bonnes intentions seront dépassées.

En attendant mieux, entreprenez et continuez cette bonne œuvre pendant quelques années, cela coûterait annuellement cent francs par commune de mille habitants, on dépense plus que cela en un jour pour d'inutiles réjouissances publiques.

Supposons en France quinze mille communes rurales, chacune d'une population moyenne de mille habitants, cela ferait annuellement un million cinq cent mille francs. Avec un peu de bonne volonté on trouverait plus que cette somme dans mes principes politiques. Amis et représentants du peuple acceptez-vous?

Nous avons des expositions de produits de luxe, des concours de musique, d'horticulture etc. Acceptez-vous d'y joindre un concours de philanthropie?

Je suppose que cette proposition ne soit pas encore acceptée. Je m'adresse en dernier lieu aux riches, à ceux qui éprouvent une grande satisfaction à faire le bien. Sacrifiez un peu de l'excès de ce luxe qui vous gêne, qui nuit à vos charmes et à votre santé et de cette économie, construisez des maisons modèles d'ouvriers.

Ce ne sera qu'une petite opération de placement avantageux sûr et honorable.

Louez ou facilitez l'acquisition de ces maisons sans usure et de préférence loyale à des ouvriers dont vous connaissez les qualités et surtout les mérites.

Leur conduite, leur économie, leur santé, leur caractère, subiront l'influence d'un logement en tout bien approprié.

Soyons plus précis, riches, par votre pouvoir, vous pouvez facilement influencer et perfectionner le caractère de notre semblable, de ce pauvre diable, qui souvent quand on le laisse faire, ne demande pas mieux que de devenir bon. Vous ne pouvez que gagner à ce changement.

En outre si peu que vous fassiez, vous serez dignes du titre de grands bienfaiteurs de l'humanité. Ou mieux encore : faites cela pour l'amour du bien, votre satisfaction, sera encore la plus belle récompense que vous puissiez souhaiter.

Ce que je fais, est peu c'est vrai, je n'ai ni le temps ni le talent assez facile, pour développer complétement mes principes politiques, j'ai encore moins le pouvoir de les mettre à exécution. Je verrais avec plaisir que d'autres fassent mieux que moi, le premier je les approuverais.

Je suppose qu'on me répète ce que m'a dit un personnage; que ce petit traité est philanthropique et que mon idée est bonne, mais que cette

question du bien-être ne regarde pas la politique,
que le gouvernement.... Impossible.... Bref enfin découragement. Je sais bien, que trop souvent les questions politiques actuelles sont
toutes différentes de celles-ci. Mais je suis dans
le véritable sens du mot. La politique, ne doit
pas avoir pour but l'ambition du pouvoir, elle
ne concerne pas seulement le gouvernement de
l'Etat ; elle doit aussi être la science, qui a pour
objet de rendre la société heureuse et floris-
sante.

Donc, c'est en grande partie au Gouvernement,
qu'il appartient de définir de telles questions et
de les mettre en pratique.

En outre de tous les principes politiques, la
base la plus certaine d'un bon gouvernement,
c'est la propagation du bien-être de son peuple.

Je ne me suis pas illusionné à rechercher le
bonheur, mais je désire, je veux le bien-être,
j'ai fait mieux j'y ai travaillé :

Le bien-être, qui peut nous le donner ? *La
Sagesse.*

Et la sagesse, qui nous la donnera ? *La Vérité.*

La vérité et la probité en toutes choses en
France, ce serait beau : un très-petit moyen,
peut cependant nous donner facilement ce beau
résultat.

Quoi qu'on puisse dire de ma prétention. Je
le répète avec plus de précision que je ne l'ai

dit dans mes principes politiques, la base ou bien la clef de mes problèmes est un système, je ne peux pas dire de contrôle ni de justice, mais de justesse, qui n'existe pas encore. Il serait loyal et d'une extrême simplicité ; il serait applicable à l'organisation de toutes nos administrations ; il en réformerait la complication et la lenteur, il donnerait à leurs fonctions, une régularité simple et d'une exactitude mathématique ; l'abus et l'arbitraire ne seraient plus possibles ; les fautes et les délits seraient moins fréquents. Enfin les fonctions de la justice et la discipline seraient plus faciles, car on arriverait même sans partialité à pouvoir souvent remplacer par l'équité, la sévérité des peines afflictives. Le résultat moral et économique serait immense, car nous aurions pour tout et pour tous en France la domination intégrale de la probité.

La probité en tout : cela plairait-il à tous, même à beaucoup de ceux qui en apparence semblent pénétrés de tant d'honnêteté ? Voilà en partie, pourquoi je ne donne pas encore maintenant l'explication de ce contrôle.

Mais chers lecteurs, quelque chétif que soit mon opuscule, je ne veux pas qu'il vous abuse, car j'avoue que jusqu'à présent, la condition d'homme probe n'est pas toujours lucrative, ni même appréciée. C'est peut être pour cela que beaucoup d'hommes captieux et de gens d'esprit, ne conservent que l'apparence de la probité et n'en font pas usage.

Verrais-je la domination de la probité et la propagation du bien-être ? Sans y compter, je l'espère, car espérer est presque un devoir, puis si la France veut prendre le rang qui lui est dû, n'est-il pas utile, ou plutôt ne faut-il pas que tous méritent la raison d'être de notre belle devise : Dieu protége la France.

CHATEAUX EN ESPAGNE

Donc en fait de principes politiques : je veux la propagation du bien-être, encouragée par la propension au bien, aidée et protégée par le droit et la probité.

Enfin, je veux que tout citoyen laborieux, possède au moins son habitation. Une maison et un jardinet.

Une maison en fait de principes politiques, l'idée est bizarre. Mais chers lecteurs, si vous êtes riches, position !que je vous souhaite, sup-•posez un temps des plus rudes de l'hiver, pendant lequel vous êtes dans votre appartement favori, où vous jouissez avec goût, du farniente et de toutes les douceurs de la vie. Tandis qu'au dehors, il gèle, neige et que le vent rugit furieux sans vous atteindre. En ce moment, sortez seulement ; supposez-vous pauvre, mal vêtu et dans une bicoque qui ne serait pas à vous, sale, puante et percée à tous vents, qu'une famille hâve et plaintive vous entoure. Que souhaiteriez-vous ?

Voilà une des raisons pour lesquelles je veux cette maison. Et je veux que cette maison plaise, qu'elle ne soit ni grande ni trop petite, qu'elle soit en tout bien conditionnée, bien distribuée sous tous les rapports, en outre qu'elle coûte peu.

Vouloir est bien, mais réaliser est plus difficile, surtout parce que l'homme est si différent de beaucoup d'animaux, qui savent se contenter d'un nid dont la forme est toujours la même.

En ce temps-ci, quelle habitation faut-il à l'ouvrier ? Proposerais-je la hutte du sauvage, la tente de l'arabe, ou bien le tonneau de Diogène ? Non : il faut que cette maison soit comme le veut, le goût, l'hygiène, le bon sens et l'instinct du ménage.

Mon intention était de donner ici le plan d'une maison d'ouvrier, mais, ceci est une affaire séparée, puis j'espère que d'autres peuvent faire et feront mieux que moi ; je leur témoigne à l'avance toute ma gratitude.

Je souhaite que cette question soit sérieusement et plus souvent mise en concours ; que les plans adoptés, soient accompagnés d'un devis complet et de tous les renseignements utiles, tels que, conseils pour acquisition de terrain, détails et formule de convention avec l'entrepreneur de construction, instruction sur la distribution intérieure, les courants d'air l'hygiène etc.

Que peut coûter cette maison ?

Une maison d'ouvrier telle que je la propose, bien construite, fort convenable et suffisante. Comprenant une grande place, une moyenne, une petite, une partie du grenier mansardée, une petite cave, le tout terminé et prêt à être meublé, peut ne coûter, je l'affirme, que quatorze à quinze cents francs. Pour la ville ces maisons ne coûteraient pas plus, au contraire pourvu qu'elles soient bâties collectivement plusieurs à la fois.

Quinze cents francs, c'est peut-être déjà beaucoup ; c'est pourquoi je souhaite des encouragements qui seraient accordés principalement P.P., comme récompense ou rénumération des mérites au service militaire.

Sérieusement, que va défendre à l'armée celui qui ne possede rien ? Le bien des autres. Pourquoi ne pas l'en récompenser un peu ?

Pour l'ouvrier qui veut se faire construire une maison, un encouragement pécuniaire, n'est pas toujours la chose la plus nécessaire. Il faudrait, comme je le dis plus haut, qu'il ait des renseignements précis et qu'avant de faire construire une maison, il sache exactement le prix qu'elle lui coûtera.

Car trop souvent, voici ce qui arrive : Un ouvrier laborieux, comptant sur son courage, veut se faire bâtir une maison, il consulte les entrepreneurs, qui le renseignent à leur avantage.

La maison se bâtit, elle se termine et elle coûte
le double de ce qu'on avait prévu. Alors inter-
vient le prêteur, puis inévitablement survient
un accident, une maladie, un procès, etc. Souvent notre ouvrier qui a de l'amour-propre, re-
double d'activité et use son existence à payer de
gros intérêts ; [ou bien il verra vendre sa maison
et s'en verra chasser, alors de mécontentement
et de découragement de voir ses économies en-
glouties, il s'adonne au déréglement, puis cet
ouvrier d'abord laborieux et économe, tombe
dans la pauvreté et il devient un mauvais sujet.

Malheureusement, c'est souvent aussi par sa
faute qu'il arrive à cet état.

Nos grands pères qui ne gagnaient que trente
sous par jour, quand il y avait de l'ouvrage, sa-
vaient économiser et faire pénétrer dans l'esprit
de leurs enfants, des préceptes et des sentiments
que nous ne connaissons plus guère. A présent,
en gagnant trois francs par jour et avec des ressources que nos grands pères n'avaient pas, on
vit au jour le jour, trop souvent même à crédit
et les enfants sont des libertins.

De sorte que par la faute d'autrui et par la
sienne, l'ouvrier reste, ou tombe trop souvent
dans la misère, alors il devient l'ennemi de la
société, le milicien et la victime des émeutiers
et des anarchistes.

Mais qu'arriverait-il si on s'occupait sérieusement de la propagation du bien-être. Si l'ouvrier

laborieux d'abord, devenait possesseur d'un bien quelconque et le plus souvent d'une maison et d'un jardin ? Cette possession, lui serait d'abord une ressource importante. Puis elle encourage-rait notre sujet à continuer de faire prospérer ses affaires, par l'activité du travail, la bonne con-duite et l'économie qui serait alors plus facile.

Maintenant examinons encore notre ouvrier ; voyons le après son travail dans sa chère maison. Elle lui plait, il l'aime, il y est chez lui, il en est fier, ses affaires sont bonnes, il est content, il est heureux près de sa femme et de ses enfants : alors satisfaction de corps et d'esprit : le bien-être.

Maintenant il a intérêt d'être l'ami et le sou-tien de l'ordre ; la société peut en être fier ; elle peut compter sur lui, pour le présent et pour l'avenir ; car il sera la fourmi vigilante.

La maladie, les accidents ou la famine ne le prendront pas au dépourvu. Il ne comptera pas sur le travail et l'économie de ses camarades, pour faire apprendre à lire, à écrire et à compter à ses enfants.

Ses enfants recevront en outre la plus cons-tante et la plus certaine éducation morale : l'édu-cation morale paternelle, celle qui donne le plus souvent la vie calme et heureuse, le bien-être.

Pour un gouvernement et une assemblée na-tionale, le bien-être est un but politique, c'est

une question d'amour-propre, s'en occuper serait un agrément et le chemin de gloire.

**

La France possède de grandes ressources,
elle possède surtout un sol fertile et des indus-
tries puissantes. Mais ces deux immenses sources de richesse, n'auraient pas de puissance ni
de valeur et ne nous serviraient presque à rien,
si le savoir faire de millions de bras courageux, si le travail enfin, ne venait pas en ex-
ploiter la richesse. Que produit l'indolence es-
pagnole avec l'exubérante fertilité de son terri-
toire ?

Ce qui soutient maintenant la France dans sa
position difficile, ce qui relève sa dignité, ce qui
fait encore sa puissance, c'est le travail si généralement pénible et méconnu, c'est le modeste
ouvrier.

Pour le perfectionnement de la société, il faut
que l'ouvrier jouisse du bien-être.

Quel chiffre formerait l'évaluation totale du
travail actuel en France ! Et cependant la société
d'aujourd'hui est malade et corrompue. Mais
qu'arriverait-il, si elle se régénérait, si elle dé-
daignait toute vanité, si elle s'habituait à l'amour
de la justice et de la probité, si par reconnaissance, elle protégeait, encourageait, éclairait et
honorait le travailleur ? quel serait alors le pro-

duit du travail? quelle immense ressource nous aurions; et si nous n'en abusions plus par d'inutiles prodigalités , quel serait le bien-être de tous et la richesse nationale.

Je ne prétends pas que tous possèdent, ni que la possession de chacun soit égale, cela est impossible, beaucoup de sujets n'en seraient pas plus riches.

A quoi servirait une mine d'or si elle n'était pas exploitée ? Que produirait un champ fertile s'il n'était pas cultivé ? Donc à moins d'arbitraire, il n'y a de valeur que celle que donne le travail.

Cependant, je veux, que le plus grand nombre possible de citoyens, possède un bien quelconque, qui aide à son existence, que cette possession soit, le plus souvent au moins, une maisonnette et son jardinet, parfaitement conditionnés, pour que l'ouvrier y soit à son aise, content et en bonne santé.

Avec la maison et le jardin, supposons encore un petit champ: les châteaux en Espagne ne coûtent guère, la valeur de ces possessions, serait environ de deux mille cinq cents francs. L'ouvrier lui-même représente aussi une valeur importante, que je ne compte pas. En outre de la satisfaction personnelle, cette valeur remplacerait le loyer d'un logement, les produits du jardin, du champ et d'une petite basse cour, seraient encore une ressource importante pour la subsis-

tance et même une occupation agréable et lucrative.

Si nous parvenions à posséder en France, un
million de maisons semblables ; outre l'immense
résultat moral, cela nous ferait un surplus de richesse d'environ deux milliards et demi. On peut
avoir de la fortune et être en même temps modeste ouvrier, mais généralement l'ouvrier est
pauvre. Il est utile d'encourager son activité sans
craindre de l'épuiser.

Mon intention n'est pas, que par ce système,
on excite l'activité de l'ouvrier, de même que
l'on donne de l'avoine à un cheval, pour le faire
tirer plus fort ou courir plus vite.

Je veux faire prospérer l'ouvrier, le relever, le
placer au rang dû à son mérite, le faire profiter
des peines de sa vie. Enfin, je veux l'encourager
en améliorant sa condition et en l'intéressant à
l'union nationale.

C'est pourquoi, je propose encore l'idée sui-
vante, sans prétendre qu'elle soit réalisable.

*
* *

Jusqu'à présent, le mérite du travail n'a-t-il
pas été trop méconnu, ne peut-on le représenter
par une valeur réelle, qui intéresserait l'ouvrier
à la prospérité nationale ?

Par exemple : La France possédant un million
de maisons ; que chacune de ces maisons réponde

à des conditions déterminées, reconnues par les communes ou des commissions compétentes; que chacune de ces possessions soit représentée par un titre conventionnel. Enfin que comme complément pour encourager l'ouvrier et en même temps procurer à l'Etat une ressource qui ne serait pas à dédaigner, par chaque possession de deux mille cinq cents francs, on émette pour un certain nombre d'années, une valeur de cinq cents francs, en partie au profit du possesseur et le surplus au profit de l'Etat. Cette valeur serait sûrement garantie. Nous avons les lettres du commerce, il ne doit pas être impossible d'avoir celles du travail.

L'émission dont je viens de parler, pourrait se faire en billets divisionnaires, qui seraient le billet de banque du travail et de l'ouvrier.

Cette valeur serait-elle moins précieuse que l'or et l'argent? Deux bras courageux valent bien un morceau de métal. La valeur du travail, ne devrait toujours pas causer d'aussi grands malheurs que celle des métaux précieux.

Quel inconvénient y aurait-il à ce qu'en France, la véritable fortune soit le plus répandue; que par l'ensemble des grosses et des petites possessions, le peuple français soit le plus riche du monde.

*
* *

Je ne veux pas que le travail de l'ouvrier soit

comparé à celui d'un cheval, d'une charrue, ou d'une machine quelconque; qu'il soit continu, monotone et que l'excès en soit dépravateur.

Il est juste qu'il y ait des jours de repos; il pourrait utilement aussi y avoir des jours de fête.

Ne pourrions nous avoir nos fêtes nationales : non pas des jours de cohue, où le peuple illusionné est illuminé par les boissons, les lumières et les feux d'artifices; mais des jours d'encouragement, où la nation heureuse et fière, montrerait brillamment les bienfaits de ses institutions.

L'idée que je vais proposer, peut être fantasque, plus même, n'importe ; mon intention est bonne.

Il faudrait que nos législateurs, violents ou débonnaires, si souvent oiseux, ou partisans d'intérêts personnels, s'occupassent sérieusement de réformes semblables à celles que j'ai proposées dans mes principes politiques, et je ne prétends pas qu'on ne puisse trouver mieux que moi.

Mais en attendant mieux, supposons, que nos diverses grandes organisations, soient non pas abolies, mais modifiées, perfectionnées, que mon système existe, que nous ayons réellement deux fêtes nationales, qui ne seraient pas précisément des jours de plaisir, mais plutôt en quelque sorte, des réunions olympiennes, des jours de contentement qui serviraient d'encouragement au progrès philanthropique.

L'une de ces fêtes serait locale, elle servirait de concours annuel entre quelques communes voisines, constituées en circonscription.

Des prix honorifiques et encourageants seraient décernés à la commune qui proportionnellement au chiffre de sa population, se serait le plus distinguée :

1° Pour l'éducation et l'instruction de l'enfance ;

2° Pour l'instruction de la jeunesse, son éducation physique : Exercices corporels, gymnastique, maintien et danses méthodiques pour réformer les vilaines façons de la jeunesse, lui donner une tenue plus digne et l'habituer à des manières distinguées, qui agiraient sur le déréglement actuel des mœurs ;

3° Par l'accomplissement de belles actions ;

4° Par l'ordre et l'économie ménagère, etc., etc.

« *L'éducation de l'enfance, l'ordre et l'é-*
» *conomie ménagère, etc., appartiendraient*
» *exclusivement aux femmes. Nous n'ad-*
» *mettons pas la Gynécocratie, nous ne par-*
» *tageons même pas nos droits politiques*
» *avec les femmes. Mais nous devrions en-*
» *courager, apprécier sensément et digne-*
» *ment leurs mérites, et accepter leur parti-*

» *cipation. En économie politique, le rôle des*
» *hommes et celui des femmes, sont dissem-*
» *blables, mais ils doivent ensemble, former*
» *une combinaison indispensable qui aurait*
» *une grande importance.* »

5° Enfin par le nombre de citoyens, réunis-
sant les conditions que j'ai proposées pour être
électeurs ; c'est-à-dire le nombre de citoyens ou
de familles, possédant le bien-être.

L'autre fête, serait plus exclusivement nationale. Le jour en serait fixe et le même pour toute
la France.

L'ordonnance de ces fêtes serait régie par des
statuts précis et sévères, condition importante et
indispensable.

Cette fête et la précédente, ne commenceraient
qu'après que les indigents auraient reçu les secours qui leur sont nécessaires et au moins leur
subsistance pendant le temps de fête.

La journée commencerait par une observance
religieuse. Puis viendrait le cérémonial de la
fête.

Préalablement, le citoyen-électeur recevrait
une dénomination, unique par exemple : celle
d'électeur.

Il porterait pour ces fêtes un signe distinctif,
soit une cocarde, ou mieux un fanion. La noblesse a bien son blason.

Ce fanion, serait généalogique, il serait armo-
rié de signes héraldiques conventionnels, indi-

quant, comment le titre a été mérité, la profession, les services à la patrie, etc.

L'électeur se rendrait à la fête, portant son fanion et accompagné de sa famille.

La réunion serait dans un endroit disposé à cet effet. Sur l'herbe, sous de beaux ombrages, entourés de la magnificence des mois de juin ou de juillet.

On s'y rangerait méthodiquement. La cérémonie serait présidée, non par les autorités locales, mais par les vieillards les plus dignes.

On préluderait par des chants nationaux. Puis viendrait la lecture d'un commandement ou bref national, indiquant les devoirs patriotiques.

Les remerciements selon le mérite aux miliciens libérés.

L'admission conditionnelle des nouveaux électeurs; la révocation de ceux qui ont perdu le droit de l'être.

La distribution des récompenses personnelles, pour mérite et belles actions.

La jeunesse se livrerait à des jeux imités de l'ancienne Grèce.

Enfin il y aurait de grandes parades.

Le sens de la vue n'est pas à dédaigner, nous n'aurions pas à perdre, que le peuple français régénéré, prenne une figure caractéristique; car trop souvent, nous ne sémons que du vent et

nous ne pouvons moissonner que des tem-
pêtes.

La magnificence de ces solennités, serait avant
tout un motif d'encouragement pour le peuple
français. Ce serait le tableau de nos mœurs et
coutumes.

La nation qui montrait orgueilleusement une
pyramide d'or à notre dernière exposition universelle, se dirait : Notre nation a la puissance,
mais la France a le bien-être.

Les potentats et la noblesse d'une autre nation, qui nous y a montré le chef-d'œuvre des
engins destructeurs, se diraient : Nous dominons
et nous commandons par la force ; mais le peuple français cesse d'être absurde ; les adversités,
le bon sens et le bien, le rendent maintenant
loyal et dévoué. Leurs peuples subordonnés,
apprendraient que la justice et l'équité règnent
en France ; que le travail y est profitable et ap-
précié, que l'ouvrier y est citoyen libre et heureux ; qu'il y grandit maintenant une nouvelle
noblesse, qui est la plus belle et la plus utile du
monde : la noblesse de la probité et du travail :
la noblesse de l'ouvrier.

Les critiques, pourraient pour le moins me
répondre : que la propagation du bien-être est
possible, mais que mon système est imparfait,
que même il fait une classe de parias ? Non,
pour moi, le paria est celui qui se flétrit par une

conduite ou un acte infamant. L'enfant prodigue n'était pas un paria, il n'était qu'égaré.

Il nous restera, il est vrai, des malheureux et des égarés?

Je le répète, je ne prétends pas que le bien-être général soit possible. Mais en restreignant le nombre des malheureux et des égarés, il deviendrait bien plus facile de les secourir convenablement et de les aider à se réhabiliter.

Enfin je souhaite, que la base de la société soit constituée uniquement par les citoyens sages, courageux, laborieux, économes et probes ; que chaque citoyen de cette classe soit honoré d'une distinction et qu'il jouisse du bien-être.

FIN